AF340398

UNE RÉFORME D'UTILITÉ PUBLIQUE

BALNEA

PAR

HUBERT DU PUY

AVOCAT

MEMBRE DE SOCIÉTÉS SAVANTES

SAINT-ÉTIENNE

IMPRIMERIE DE MONTAGNY

14, RUE GÉRENTET, 14

—

1878

UNE RÉFORME D'UTILITÉ PUBLIQUE

BALNEA

UNE RÉFORME D'UTILITÉ PUBLIQUE

BALNEA

PAR

HUBERT DU PUY

AVOCAT

MEMBRE DE SOCIÉTÉS SAVANTES

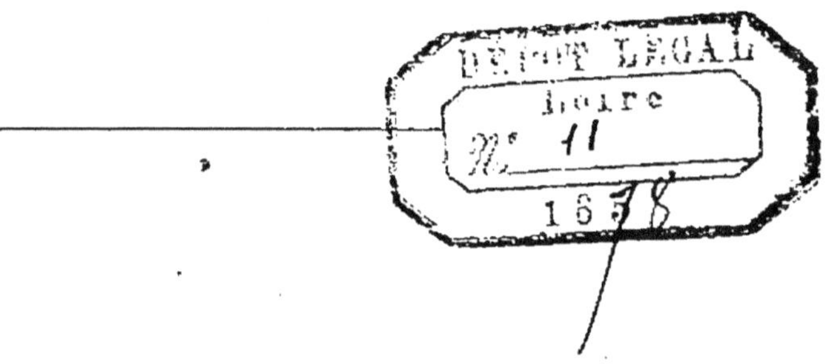

SAINT-ÉTIENNE

IMPRIMERIE DE MONTAGNY

14, RUE GÉRENTET, 14

—

1878

BIBLIOTHÈQUE NATIONALE R.F.

DÉPÔT LÉGAL Loire N° 11 1878

INTRODUCTION

En prenant la plume pour déplorer une situation et demander une réforme, j'obéis au devoir qui oblige tout homme à consacrer au service de tous et pour le profit de tous les travaux que ses forces sont susceptibles de produire.

Une idée, quelle qu'elle soit, n'appartient pas seulement à celui qui lui a donné le jour, elle est le patrimoine de l'humanité tout entière.

J'expose donc la mienne, sans aucune prétention. Je la livre à mes compatriotes qui seront ses juges.

J'ai dû la traduire sous la forme simple et familière d'*une conférence,* espérant par là lui donner un tour plus saisissant et défendre mon style contre le reproche d'imperfection qu'il mérite.

Mon sujet, d'ailleurs, n'a rien de grave et ne saurait comporter une forme trop solennelle.

Au contraire, j'ai à me faire pardonner (dans le chapitre 1ᵉʳ) quelques digressions tant soit peu *réalistes* qui pourraient effaroucher mes lectrices, si je ne prenais le soin de les avertir.

Parcourant un chemin difficile, il m'était indispensable de cotoyer certaines ornières. C'eut été peut-être l'œuvre d'une femme de traiter des choses délicates qui intéressent son sexe. Mais puisqu'aucune n'a entrepris de déchirer un voile derrière lequel apparaîtrait tant de turpitudes, je me suis hasardé à me servir de documents sérieux que j'ai recueillis, regrettant de ne pouvoir effleurer que très-indirectement ce sujet.

Quelques mots seront ma justification.

Je m'adresse particulièrement à ceux qui tiennent du mandat de leurs concitoyens le devoir d'être administrateurs prévoyants et réformateurs au besoin. Or, ce n'est point pour eux, ce me semble, qu'il convient d'habiller la Déesse.

Quant aux yeux trop sévères qui s'égareront par hasard sur cet opuscule, eh bien! je leur demande..... de lire jusqu'au bout et d'être indulgents.

BALNEA

CHAPITRE PREMIER

Des populations nombreuses sont privées de bains. Habitudes de malpropreté.

L'habitant d'une grande cité qui vient séjourner quelque temps dans une petite ville, fait une remarque pénible. S'il appartient à la classe aisée et s'il a pour son corps des habitudes de propreté dont il ne saurait s'exempter, il s'informe auprès de ses hôtes de l'adresse des établissements de bains.

La réponse qu'il reçoit est généralement la même dans toutes les petites villes de France : « Monsieur, il n'y a pas ici d'établissements de bains.

« — Hé quoi, pas un seul établissement! Comment se lave-t-on donc ici? »

Le naturel du pays ainsi apostrophé, répond invariablement: « A la rivière, Monsieur »; à moins qu'il n'y ait pas de rivière, et en ce cas il reste bouche béante comme quelqu'un qui ne saisit pas bien l'intérêt de la question posée.

Ainsi voilà toute une population qui n'a pas les moyens de prendre de grands bains en toute saison. Existe-t-il aux alentours, ce qui ne se présente pas toujours, un cours d'eau suffisant, une rivière, les jeunes gens seuls auront la facilité d'aller s'y baigner. Encore ne le pourront-ils que pendant deux ou trois mois de l'année, pendant les chaudes journées de l'été. Mais les vieillards, les femmes, les jeunes filles, les gens malades, c'est-à-dire les trois quarts de la population, seront privés de ce bénéfice. Les malades et les gens délicats, parce que les bains froids peuvent nuire à leur constitution; les femmes, parce que leur pudique réserve les empêche de trouver de lieu assez retiré, de bosquet assez touffu.

Il est bon d'ajouter encore aux motifs qui prouvent l'insuffisance des bains froids dans les rivières, leur danger permanent. Le nombre d'accidents de cette sorte enregistré par la sta-

par certains faits qui, sous une apparence in-
signifiante, déguisent une réelle importance.

Voici un dernier trait qui en convaincra le
lecteur; il nous a été donné à nous-même de
le recueillir entre cent :

Une jeune nourrice venue d'une province
reculée et montagneuse entra au service d'une
famille qui habitait une grande ville et dans
l'intimité de laquelle nous vivions. Comme cette
femme ne paraissait point trop portée aux soins
de propreté, ses maîtres lui persuadèrent qu'il
était urgent qu'elle allât prendre un bain. Ce ne
fut point facile; il fallut, pour vaincre sa résis-
tance, lui représenter que presque tout le monde
à la ville s'adonnait à ce soin aussi utile pour la
santé qu'agréable. Son mari vint, par hasard,
la voir chez ses maîtres alors qu'elle était pré-
cisément au bain. Nous assistâmes, au retour
de la nourrice, à une curieuse scène de ménage.
Le mari entra dans une colère terrible contre
elle, lui reprochant amèrement ce qu'elle venait
de faire. Comme nous nous informions du sujet
de la querelle, cet homme répondit avec une in-
dignation mal contenue que sa femme venait
de se baigner comme *une gourgandine*.....
qu'il n'aurait jamais pensé qu'elle le déshono-
rerait par de telles indécences, etc., etc. *(sic)*.

Ainsi, voilà un bain qui troublait un ménage et pouvait peut-être devenir un cas de séparation de corps. C'est une hypothèse que les rédacteurs du code ont omis d'envisager. Quelle imprévoyance!!...

Cet exemple de bêtise et de malpropreté touche presqu'à l'invraisemblable.

Il nous aide à fixer notre attention sur un point remarquable, qui est celui-ci : l'absence d'établissements de bains sur une grande partie du territoire français ne laisse pas seulement dans l'embarras les personnes à qui de grands bains sont agréables ou nécessaires, elle produit encore ce résultat déplorable d'enlever aux habitants de ces contrées déshéritées jusqu'au sentiment de la propreté.

Comment penser à se laver alors qu'il n'y a rien qui y sollicite? Et d'ailleurs n'a-t-on pas été élevé, n'a-t-on pas grandi, vécu dans cet état?

De là cette erreur qu'on pourra impunément pour sa santé y persévérer. La médecine et l'observation répondent qu'une pareille idée doit être considérée comme absolument inacceptable.

CHAPITRE II

Conséquences funestes de cette situation tirées de l'histoire et de la médecine. — Coup-d'œil sur l'antiquité et les thermes romains. — Bains froids, bains chauds, bains de vapeurs ; leur influence sanitaire.

Les esprits observateurs qui ont trouvé dans l'histoire des peuples une étude féconde en enseignements, qui se sont familiarisés de bonne heure avec les souvenirs que cette histoire évoque et les comparaisons qu'elle appelle, ont sans doute été frappés des symptômes d'affaissement, d'épuisement, de décadence enfin, signes précurseurs de la chute prochaine de notre race.

L'homme n'est plus aujourd'hui ce qu'il était autrefois. Physiquement comme moralement il s'éteint.

Il est certainement instructif et profitable de reporter sa pensée aux temps de ces fiers guerriers qui contribuèrent à la grandeur et à la puissance de Lacédémone et de Rome aussi bien par leur invincible force physique que par l'indomptable énergie de leur caractère.

Comparons un peu le Français du dix-neuvième siècle avec les anciens; et sans remonter si haut, avec les Gaulois et les Francs de Charlemagne. Ils furent nos pères ceux-là. Leur stature était élevée, leurs épaules larges, leurs mains de fer. Ils vivaient de rien et mouraient dans l'extrême vieillesse. Leurs femmes robustes et fécondes donnaient à leurs enfants, avec le jour, cette séve pure, exempte de principes viciés, qui leur assurait une croissance et une santé merveilleuses.

Que sont devenus les fils de cette génération? Que sommes-nous devenus? Le spectacle de notre dégénérescence fait mal à voir. Combien parmi nous seraient capables de porter les lourdes armures de nos ancêtres? Combien atteignent leur âge avancé? Notre génération abâtardie ne produit plus que des hommes qui, pour la plupart, affaiblis, malingres, accablés d'infirmités, ne sauraient prétendre à la longévité de leurs pères. Quant à la femme, elle enfante de moins en moins. La statistique dévoile cette stérilité et constate que la nation française doit être rangée au nombre de celles qui comptent le moins de naissances. Triste épidémie d'un pays qui aura peut-être, quelque jour, besoin de tant de bras!

Il faut donc rechercher les causes d'un tel état. Elles sont sans doute nombreuses, et, il est permis de n'être point d'accord sur leur véritable influence.

Au premier rang on doit placer la force des choses. Les nations font leur temps comme les individus; comme eux elles ont leur vieillesse et leur décrépitude.

Puis, avec le bien-être ont apparu le luxe, la jouissance, les excès. Les excès ont inventé les alcools et le tabac; les alcools qui atrophient le corps, le consument et le détruisent; le tabac qui l'empoisonne.

Ce sont là, bien certainement, les principales origines de nos maux. Mais on nous permettra d'y ajouter le fléau dont nous nous occupons et qui fait l'objet de cet opuscule, à savoir : *les difficultés qui empêchent des populations nombreuses de prendre de grands bains.*

C'est là une idée qui pourra paraître singulièrement fantaisiste; mais nous ne craignons pas de l'émettre parce qu'elle s'appuie, on va le voir, sur des fondements sérieux.

Sans vouloir entrer dans des développements qui ne sont pas de notre compétence et qui d'ailleurs dépasseraient notre cadre, insistons sur ce point.

Est-il possible de vivre dans un état de malpropreté sans que la santé en souffre? Et si la santé est compromise, comment les facultés intellectuelles ne le seraient-elles pas?

Les anciens remarquaient très-judicieusement qu'une intelligence saine ne peut se rencontrer qu'en un corps sain. *Mens sana in corpore sano.*

Vauvenargues a écrit « qu'il faut entretenir la vigueur du corps pour conserver celle de l'esprit. » Or le corps humain privé de l'usage de l'eau doit nécessairement perdre en force et en santé.

La science corrobore ce principe, l'histoire en admire l'application chez les nations puissantes.

« A toutes les époques et chez tous les peuples les bains ont été considérés comme un puissant moyen d'hygiène (1). »

Ainsi, dans l'antiquité, la célèbre Médée rajeunissait les vieillards à l'aide de ce moyen. Les héros d'Homère l'employaient également pour conserver la vigueur et la souplesse de leurs membres.

Lucien nous a laissé des piscines publiques des Spartiates et des Athéniens d'intéressantes descriptions.

(1) Dr Constantin James

Mais ce sont les Romains surtout qui ont excellé dans l'art de construire des établissements de bains. Tout le monde connaît aujourd'hui leur goût excessif pour les ablutions. Chaque jour ils se baignaient avant leurs repas. Quelques efféminés le faisaient plusieurs fois par jour et même après les repas. Il y avait des bains particuliers et des bains publics universellement connus sous le nom de *thermes*. Vitruve, Sénèque, Suétone, Pline nous ont révélé l'étonnante organisation, la richesse de ces établissements que la munificence des empereurs se plaisait à embellir. Quelques ruines encore debout sur notre territoire et les vestiges beaucoup plus complets découverts récemment à Pompéï viennent confirmer la narration des auteurs sur ce sujet inépuisable et curieux. Nous savons que les Romains trouvaient dans les thermes tous les raffinements possibles : bains froids, bains chauds, douches, massage, épilage, frictions, onctions, etc., etc. Ils en arrivèrent même à se passionner pour ce plaisir au point qu'ils passaient aux bains une partie de la journée, s'y donnaient rendez-vous, y traitaient de leurs affaires, y festoyaient et y déclamaient des vers.

Le nombre des thermes était remarquable.

Agrippa en fit construire cent soixante-dix pour le public et Publius Victor, au quatrième siècle, en comptait près de huit cents dans la ville de Rome. Enfin, les plus petites villes de la province en possédaient. Et le peuple y accourait en foule.

Les thermes romains furent abandonnés sous le règne de Constantin. Ils disparurent sensiblement avec la décadence de l'empire. Instructif rapprochement de dates! Il laisse entrevoir la part d'influence qu'ont pu avoir sur la puissance de Rome ces bains publics où, comme l'Athénien son modèle, le Romain venait puiser la santé et la force physique.

Car si il est vrai de dire que ces bains devinrent plus tard des lieux de mollesse et de lascive oisiveté, où le Romain, peu soucieux de ses traditions de dignité, prit plaisir à s'efféminer, on ne peut nier qu'ils n'aient été inspirés dans un but d'hygiène public. C'est sur ce principe qu'ils se fondèrent, subsistèrent et rendirent d'appréciables services pendant un long temps, puisque leur apparition date de l'époque de Pompée et de Mithridate.

Si plus tard ils se transformèrent, c'est qu'alors toutes les tendances de ce peuple énervé convergeaient vers la satisfaction de ce luxe effréné qui devait le perdre. Les excès des thermes ne sont donc pas une des causes mais plutôt une conséquence de l'atonie générale.

Il est en effet facile de concevoir que l'hygiène public devait profiter de ces établissements, si l'on considère que les Romains y pouvaient avoir à volonté des bains froids, des bains chauds et des bains de vapeur. Ils aimaient surtout les prendre successivement, comme le font de nos jours les Russes et les Orientaux. Or ces bains offrent tous pour la santé de précieux bienfaits, si le baigneur n'y demeure point un temps trop long. Et les Romains, avant qu'ils prissent la funeste habitude de rester une partie de la journée aux bains, en usaient modérément et les regardaient comme des moyens thérapeutiques nécessaires.

Nous devons croire à notre tour qu'à l'instar de l'antiquité notre génération tirerait de grands avantages d'une méthode dont les deux branches, *l'eau froide* et *l'eau chaude,* ont été, nous allons le voir, de tout temps utilisées avec fruit.

1° L'*eau froide* donne au baigneur un sentiment de force et de bien-être. Elle agit vigoureusement sur son organisme, le préserve de bien des maladies.

Les Spartiates se baignaient journellement dans l'Eurotas.

Les Maures se plongeaient dans les sources qu'ils rencontraient sur leur route et puisaient à cette fraicheur une force toujours nouvelle.

Le siècle d'Auguste vit un médecin, Antonius Musa, qui détrôna par l'hydrotérapie l'ancienne thérapeutique et ses secrets. Ce fut une révolution. Musa prétendit guérir tous les maux à l'aide de l'eau froide, et des cures merveilleuses vinrent en effet appuyer sa doctrine.

Charmis continua, sous Néron, le système de Musa. A cette époque, on alla même jusqu'à ajouter de la neige à l'eau des bains.

Notre génération n'est pas non plus sans avoir vu des essais de ce genre couronnés de succès. Au commencement de ce siècle, la vogue du médecin silésien Priessnitz fut due aux guérisons qu'il obtint à l'aide de cette méthode simple qui se résume dans ces mots : bains froids, douches froides, bains de siége froids, bains de pieds froids, etc.

Une célèbre école allemande s'est fondée sur ces principes appelés à trouver peut-être universellement crédit dans l'avenir, s'ils échappent à l'exclusivisme et à l'exagération.

2° Les bains d'eau chaude et surtout ceux qui

contiennent des substances minérales ont encore une action topique plus puissante sur la peau. « Ils impriment une nouvelle direction à l'énergie vitale, rétablissent l'action perspiratoire de la peau, rappellent à leur type physiologique les sécrétions viciées ou supprimées, provoquent des sueurs salutaires et produisent dans l'économie une transmutation intime, un changement profond (1). »

Une opinion très-répandue et qui date d'Aristote est que les eaux ne doivent leurs principales vertus qu'aux vapeurs qui s'en exhalent. Cette observation a donné le jour à tout un système médical qui opère par les *bains de vapeurs,* par la *méthode fumigatoire.*

Comme nous souhaitons vivement de voir cette méthode prendre de l'extension et de l'importance dans la voie progressive où doit l'entraîner la médecine, nous devons rapidement en parler.

Il s'est trouvé un célèbre médecin portugais, Sanchez qui a écrit ceci :

« Si l'on croit qu'il existe un remède commode et si efficace qui puisse guérir tous les maux dont les hommes sont souvent attaqués,

(1) D' Rapou, chirurgien en chef de l'hospice de l'Antiquaille.

ce n'est que dans les bains de vapeur qu'il faut le chercher. »

Sans partager cette opinion exagérée, un médecin français que nous citions plus haut a, dans un traité spécial, abordé la question des bains de vapeurs (1) :

« Il est impossible, a-t-il dit, de déterminer le degré d'utilité de cette méthode qui est, sans contredit, la principale branche de la médecine extérieure, ou plutôt on ne peut fixer le terme où doivent se borner les services que l'humanité est en droit d'en attendre.. On ne l'employait dans le principe que contre les maladies cutanées; bientôt on en retira de grands avantages dans les affections vénériennes, et elle devint une des principales méthodes anti-siphilitiques. Les succès qu'on a obtenus dans le traitement de la goutte et des rhumatismes, l'ont fait regarder comme le moyen par excellence qu'on peut leur opposer..... Son efficacité dans le traitement des phlegmasies, des hydropisies, de la plupart des affections lymphatiques et nerveuses, est déjà constatée..... J'en appelle aux médecins instruits qui, dans le calme des passions et le silence des préjugés, en auront

____

(1) *De la Méthode fumigatoire.*

fait le sujet de leurs réflexions, et je leur demanderai par quelle méthode on peut obtenir des indications plus variées, des effets plus prompts et plus avantageux, des guérisons plus nombreuses..... Je demanderai encore si l'on ne guérit pas le plus grand nombre de maladies, non pas par l'action des remèdes proprement dits, mais bien en régularisant, rétablissant les fonctions de la peau, ou bien en modifiant sa vitalité; et enfin, s'il existe des moyens plus efficaces que les bains et les douches de vapeurs pour produires ces effets divers. »

L'honorable docteur qui a écrit ces lignes, il y a déjà de nombreuses années, ne laissa pas de mettre en pratique son ingénieuse théorie. Il contribua avec quelques médecins distingués à la fondation de grands établissements de bains de vapeurs. Le succès répondit aux espérances conçues (1).

Aujourd'hui la faculté de médecine est à peu près unanime à reconnaitre que l'eau et les vapeurs sont des agents et des auxiliaires puissants dans le traitement des maladies énumérées plus haut. Il faut y joindre, avec l'autorité des

______

(1) Expériences de MM. Chaussier, Mérat, Biett, Alibert.

docteurs, les maladies cutanées, la goutte, les affections aiguës, et principalement *certaines maladies de femmes*. Ce dernier point vient fortifier ce que nous disions relativement à la faiblesse et à la stérilité de ce sexe.

Si nous explorons les pays lointains, nous voyons que les peuples les plus étrangers à notre civilisation, comme les Finlandais, les Norvégiens, les Esquimaux, se servent des bains de vapeurs. Ils le font dans des conditions faciles et primitives : « un trou dans la terre, des cailloux rougis au feu, constituent l'étuve et le foyer. Ils se plongent dans cet orifice et la vapeur issue de l'humidité du sol chauffé par les cailloux brûlants suffit pour provoquer une abondante transpiration (1). »

Les établissements de bains de vapeurs sont très-nombreux en Russie et en Turquie.

L'Angleterre, sous la vive impulsion du docteur Domini Cetti, en a construit de superbes.

Qu'on ne dise donc pas qu'une population peut impunément et sans s'exposer à de graves désordres se passer d'établissements de bains !

(1) Gaston Tissandier.

Bains froids, bains chauds, bains de vapeurs, tous ont leur incontestable utilité, soit qu'ils préviennent certaines maladies, soit qu'ils s'opposent à leur développement, soit qu'ils les guérissent. Tous doivent coopérer à l'œuvre de conservation physique et seconder la médecine.

Nous avons parlé de l'antiquité et des nations contemporaines qui, imbues de ces salutaires préceptes d'hygiène, ont essayé d'emprunter à Rome et à la Grèce de saines habitudes. Ces tendances, ces efforts persévérants de tant de peuples en tant de pays, pourraient d'ailleurs suffire à démontrer que l'absorption de l'eau par le corps humain a toujours été considérée comme efficace pour la santé.

Or quelle a été la conduite de la France dans ce concert de tant de nations? A-t-elle puisé dans l'histoire et dans la médecine cet attrait pour l'eau, que les peuples ses modèles ont poussé jusqu'à l'excès? Nous avons vu qu'elle est restée sourde à ces enseignements.

Charlemagne et sa cour allant, d'après la tradition, se jeter dans les piscines d'Aix-la-Chapelle, n'ont rien inspiré.

De nos jours, il est vrai, une réaction favorable s'est produite. Des sources minérales ont été découvertes. Des stations thermales ont été créées, d'autres, conues de longtemps, ont été exploitées avec plus d'intelligence et de fruit. Les malades y sont accourus. Ils y ont trouvé souvent le secret de leur guérison.

La mer surtout attire de plus en plus les baigneurs. Elle mérite bien cette vogue elle qui dispense avec tant de générosité ses principes de vie et de force aux tempéraments débilités.

Cependant, est-il besoin de le dire? ce mouvement trop dirigé par l'élégance et le luxe, tout salutaire qu'il est, demeure impuissant pour la réalisation des réformes que nous demandons et que nécessitent les besoins de l'humanité.

L'éloignement, les difficultés de déplacement, la cherté du séjour et du traitement, ne rendent les stations thermales abordables que pour une classe riche et peu occupée. Mais le peuple qui travaille et voyage peu, les populations rurales attachées à la glèbe et cette masse de petits bourgeois de petites villes, pour qui une saison d'eaux prend les proportions d'un voyage autour du monde? Ce sont autant de personnes qui ne profiteront pas de ces bienfaits thérapeutiques qui leur fourniraient en même temps la précieuse occasion de se laver.

Au reste, les quelques stations d'eaux minérales disséminées sur le territoire français ne sauraient être destinées qu'aux malades seulement. Visitées par des personnes valides, elles peuvent offrir certains dangers. Elles ne suppléent donc point à ces établissements d'eau pure et saine, d'un usage fréquent, si nécessaire au point de vue de l'hygiène naturel et des soins de propreté.

Voilà les établissements dont nous appelons de toutes nos forces la construction et l'installation confortable sur tous les points de notre sol.

Il y a beaucoup à faire.

Dans les villes populeuses on trouve, il est vrai, des établissements de bains; mais leur rareté, leur disposition vicieuse nous reportent, par une comparaison pénible, vers la Rome des empereurs. « Où sont ces thermes si grandioses. ces piscines remplies de baigneurs à tout instant de la journée? on les a remplacés par une étroite cellule, par une baignoire mesquine; le son a été substitué aux parfums et aux huiles aromatiques, point de lit de repos, point de massage. Où sont ces salles spacieuses, tempérées. Où le baigneur se séchait pour ne pas prendre froid au dehors? Dans tous les bains, aujourd'hui, on subit une transition subite et dangereuse de la chaleur de l'eau au froid de l'air (1). »

Voilà pour les établissements des grandes villes (2).

Quant aux bourgades, quant aux campagnes, nous constatons qu'elles en sont absolument dépourvues et, conséquence inévitable, nous voyons que leurs habitants apportent jusque dans leurs habitudes domestiques et leurs œuvres intimes les traditions d'une funeste malpropreté.

Cette situation a une cause que nous allons essayer de découvrir et qui, trouvée, doit inévitablement nous indiquer le remède.

(1) Gaston Tissandier, *De l'eau.*

(2) Nous ne voulons pas aller plus loin sans citer comme remarquable exception le splendide établissement du *Hamman*, de Paris, qui rappelle les thermes romains.

CHAPITRE III

**Causes du mal.— Remède au mal.—Deux objections.
Discussion et réfutation de ces objections.**

Pourquoi les établissements de bains manquent-ils absolument dans les petites villes?

Pourquoi ceux des grandes localités sont-ils si rares, si incomplets, si mal disposés?

Nous répondons :

Les particuliers qui, dans un but lucratif, entreprennent la construction, l'organisation ou l'exploitation d'etablissements de ce genre se heurtent à mille difficultés inextricables.

Voyez quels travaux nécessite une construction semblable. Il faut ménager en un vaste intérieur un grand nombre de chambres spécialement confortables, placer des conduits, amener les eaux, acheter un matériel considérable.

Voilà pour la construction d'un établissement de bains.

Il faut, d'un autre côté, une lingerie bien

remplie, de puissants fourneaux, du combustible, un personnel nombreux.

Voilà pour son fonctionnement.

C'est donc une entreprise difficile et surtout coûteuse.

Aussi peu de personnes essayent-elles de confier à cette branche du commerce une mise de fonds dont elles désirent tirer le plus grand profit possible. Quant à celles qui, après avoir entrepris quand même la fondation de ces établissements, leur ont donné, à force de soins et de dépenses, toutes les conditions essentielles à leur prospérité, elles doivent pour se rémunérer et s'assurer un bénéfice indispensable, mettre le prix de leurs bains à un taux assez élevé.

Il est vrai que ce prix ne peut faire déserter les établissements des grandes villes où les petites fortunes pullulent; mais il contribue à en éloigner le peuple qui se refuse à donner 1 franc ou 1 franc 25 pour un soin de propreté.

Les quelques établissements qui se sont fondés dans les très-petites villes ont eu encore moins de succès. Les dépenses d'installation étant à peu près les mêmes; le prix d'un bain ne peut différer beaucoup. Il est et sera toujours de 1 franc à quelques centimes près. Cependant nous pouvons dire de la population des campagnes que, d'une part, elle se trouve dans une situation pécuniaire très-inférieure à celle des villes ; d'autre part, composée principalement de paysans qui se plaisent en leurs habitudes de malpropreté, elle ne songe pas aux rares baignoires que possède son chef-lieu de canton ou d'arrondissement.

Reste la classe relativement riche. Or elle dédaigne un établissement de petite ville, presque toujours d'organisation trop primitive et rop incommode, et elle remet le souci d'un bain à son prochain voyage à la grande ville.

Il en résulte que ces petits établissements de campagne sont peu hantés. Soit qu'ils rapportent à peine l'intérêt de l'argent placé, soit qu'ils ruinent leurs propriétaires, toujours sources d'embarras, ils viennent à se fermer un jour, décourageant à jamais les personnes qui seraient tentées par une entreprise de cette nature.

Telle est, à quelques exceptions près, l'histoire des établissements de bains de toutes les petites villes ; telle est leur destinée.

Quant à ceux des grandes villes, ils resteront toujours insuffisants et d'une distribution vicieuse, à raison des frais que nécessite leur exploitation.

Le secret de la malpropreté dans laquelle se complait le peuple est donc trouvé. Cette malpropreté provient, d'une part, du manque d'établissements publics, et, d'autre part, quand ces établissements existent, du prix adopté pour les clients.

Or nous savons :

Que le bain est nécessaire au point de vue de l'hygiène public et des soins de propreté ;

Qu'il est utile, au point de vue médical, pour la préservation et la guérison de nombre de maladies ;

Qu'à supposer qu'il ne soit ni nécessaire, ni même utile, il n'en serait pas moins un passe-temps fort agréable.

Donc il est du devoir de tout citoyen et surtout de tout publiciste de rechercher les moyens de créer sur toute l'étendue du sol de la France des établissements de bains publics, accessibles à tous par la modicité de leurs prix. Présenter ces moyens à l'examen de ses compatriotes, en solliciter l'adoption, c'est proposer la satisfaction des besoins des populations ; c'est combler une lacune inexplicable dans les œuvres du progrès ; c'est enfin chercher à modifier une situation déplorable, funeste à tous égards, honteuse même pour des hommes qui doivent au premier rang de leurs habitudes journalières placer la plus simple de ces habitudes, la plus naturelle sans doute, celle de propreté.

La résolution de ce problème n'est pas une utopie. Mais il nous semble qu'il n'a que deux solutions sérieusement dignes d'attention.

Nous allons les laisser entrevoir, abandonnant à nos compatriotes plus autorisés le soin de les discuter et de choisir entre les deux.

La première solution qui se présente à nous se traduit ainsi :

Les établissements de bains seraient des établissements publics, appartiendraient aux communes et demeureraient à leur charge.

En effet, il est de toute évidence que ces établissements répondent aux besoins de tous les citoyens. Consacrés à l'hygiène *public*, au bien-être *public*, ils doivent être *publics* comme les hôpitaux, les lavoirs, les fontaines, etc.

Soit qu'ils aient été construits par la commune, soit qu'ils aient été le résultat de fondations faites par des particuliers, ils seraient à la charge des municipalités quant à leur entretien et leur gestion.

L'administration municipale pourrait, pour l'exploitation de ces établissements, se servir de deux moyens :

1° Elle pourrait en confier la direction à des employés payés par elle et responsables devant elle ;

2° Elle pourrait placer ces établissements sous le même régime que les théâtres ; en faire un objet de spéculation, en les livrant par bail à loyer à des entrepreneurs chargés de les exploiter *dans l'intérêt* du public. Ce second système nous parait même beaucoup plus pratique que le premier.

La commune profiterait, dans le premier cas, du droit d'entrée payé par chaque baigneur; dans le second cas, du prix de location de l'entrepreneur choisi.

Mais, dans l'une et l'autre espèce, ce prix devrait être minime, de quelques sous seulement. Un tarif serait imposé à l'entrepreneur.

La seconde solution que nous voulons proposer est susceptible de rallier plus de suffrages, grâce à son extrême simplicité. La voici :

Les communes subventionneraient certains établissements de bains.

Dans ce cas, les établissements appartiendraient propriétairement aux particuliers qui en auraient pris l'entreprise. La commune n'interviendrait que pour en faciliter, par l'apport de ses deniers, l'installation et la gestion.

La subvention allégeant les charges du propriétaire, assurerait à ces établissements un fonctionnement avantageux pour le public ainsi qu'une existence de longue durée.

En échange de l'avantage qu'elle offrirait, la commune se réserverait le droit de tarifer les bains, afin que leurs prix ne laissent pas d'être abordables pour les bourses les plus modestes.

Nous ne nous dissimulons pas que cette intervention des communes par les deux procédés indiqués doit sembler dangereuse à un premier examen. Il nous paraît qu'elle peut soulever certaines critiques que nous voulons prévenir, certaines objections que nous voulons détruire d'avance.

Eh quoi! objectera-t-on, les communes n'ont-elles déjà pas assez de charges? Et doit-on encore leur faire supporter des frais considérables pour des établissements qui ont toujours appartenu à des particuliers?

Comment les municipalités pauvres pourront-elles offrir leurs revenus à un pareil usage sans s'exposer à s'obérer inutilement? Pourquoi enfin donner aux communes un rôle embarrassant et dispendieux là où elles n'ont que faire?

Nous répondrons:

Les deux procédés que nous avons indiqués ne sauraient grever les communes.

Il y a plusieurs moyens d'installer des établissements de bains.

Les grandes villes, qui disposent de revenus considérables, peuvent donner à ces établissements tout le confort que comporte les sommes qu'elles y peuvent affecter. Pas n'est besoin d'une organisation bien somptueuse ni d'un aménagement très-spacieux. Les Romains, il est vrai, ont bâti des thermes où tous les désirs raffinés d'un luxe magnifique trouvaient leur satisfaction. Ils ont fait davantage. Ils n'ont reculé ni devant les sacrifices pécuniaires, ni devant les difficultés des gigantesques travaux entrepris pour amener les eaux de distances lointaines, comme l'attestent encore ces grandioses aqueducs, indestructibles monuments de leur incomparable génie.

Ne pouvons-nous pas, tout en empruntant à ces Romains leur goût prononcé pour le bain, nous garder des excès auxquels ce goût les a conduits. Et parce qu'ils ont consacré des richesses immenses à la construction de leurs thermes, ne pouvons-nous, avec beaucoup moins d'or, mettre à exécution les projets dont nous venons de donner une idée?

Et d'abord les nécessités ne sont plus les mêmes qu'au temps des Romains. Il n'est plus nécessaire aujourd'hui d'aller chercher l'eau bien loin. Sur presque toutes les parties de notre territoire elle abonde; dans presque toutes nos communes elle alimente fontaines, lavoirs, abreuvoirs, etc., etc. Là où elle manque, il ne faudrait pas de grands travaux pour l'amener; là où elle jaillit, il ne faudrait pas de puissants efforts pour la retenir et l'utiliser.

Quant à la disposition intérieure de ces établissements, elle ne devrait pas être calquée sur celle des thermes romains. Nous ne sommes pas, grâce à Dieu, assez efféminés pour ne pouvoir nous passer de l'*unctuarium* (1), ni pour abandonner notre corps aux *alipili* (2), aux *tractatores* (3), etc.

Au reste, la commune agirait suivant ses ressources pécuniaires.

Est-elle riche? elle adoptera ou fera adopter

(1) Salle destinée à se parfumer le corps au moyen d'essences aromatiques.

(2) Épileurs.

(3) Masseurs.

une organisation commode qui satisfasse pleinement les citoyens. Elle pourra avoir dans ces établissements : piscines d'eau froide, piscines d'eau chaude, douches, etc. Les bains de vapeurs, dont nous avons prôné l'utilité, y pourront trouver leur place et y être administrés à l'aide d'appareils spéciaux. Nombre de maladies y seraient ainsi traitées avec fruit. Des médecins, des pédicures, attachés à ces établissements seraient à la disposition des baigneurs.

La commune dispose-t-elle de peu d'argent? est-elle peu populeuse? on sacrifiera le superflu au strict nécessaire. De simples piscines suffiraient à inviter aux bains, à satisfaire bien des désirs. Mais il serait, en tous les cas, indispensable de diviser les établissements de bains en deux parties : l'une réservée aux hommes, et l'autre destinée spécialement aux femmes. Les petites communes rurales, les petits chefs-lieux de canton, s'estimeraient fort satisfaits de la construction de piscines, quelque primitive que fût leur disposition, si ces piscines sont proprement entretenues, si les eaux y sont souvent renouvelées.

Tous ces travaux seraient relativement moins dispendieux pour une commune que pour la bourse d'un particulier. Une commune a presque toujours des fonds en réserve. Son Conseil municipal peut voter des *centimes addition- nels extraordinaires*, soit pour subvenir à l'insuffisance des revenus ordinaires, soit pour exécuter des travaux extraordinaires d'utilité communale. Suivant les cas prévus par la loi de 1867, le Préfet ou le Conseil d'Etat apporteraient leur approbation à la réalisation de ces projets. Mais ces projets ne nécessitant pas de grands frais, nous l'avons vu, les municipalités n'au- raient pas, la plupart du temps, à voter des contributions dépassant les 5 *centimes régle- mentaires*, et l'approbation de l'autorité su- périeure serait, aux termes de la loi, inutile.

Nous avons exposé deux systèmes. En cas d'adoption du premier, la commune se trouve- rait rémunérée par les droits d'entrée payés par les baigneurs ou par le loyer de l'entrepreneur.

Quant à la subvention pure et simple, pro- portionnée aux nécessités et à la richesse des habitants, elle pourrait toujours se réduire, et quelque légère qu'elle fût, ne laisserait pas de rendre des services très-appréciables.

Si l'on songe, en effet, qu'une commune, au moyen d'une faible subvention, pourrait faire prospérer l'entreprise des particuliers qui crée- ront ces établissements, on s'étonnera que les municipalités n'aient point encore eu l'idée d'adopter ce système, elles que l'on trouve presque toujours prêtes à faire des sacrifices considérables pour subventionner des théâtres.

Nous avons répondu à la première objection. La seconde est celle-ci :

Les établissements de bains fondés par les communes ou subventionnés par elles n'attireront pas davantage les baigneurs. Etant données les mauvaises habitudes de certaines populations, celles-ci ne songeront même pas à la faculté qu'elles auront de profiter des bienfaits que prodiguent les eaux.

Une telle pensée ne saurait trouver de crédit.

De ce que les établissements de bains des petites villes ont été jusqu'à ce jour peu fréquentés, on ne peut conclure qu'avec un nouveau système d'exploitation, ils auraient le même sort.

Pourquoi le peu de succès de ceux-ci? Parce qu'ils sont chers, insuffisants, mal disposés.

Mais au contraire pourquoi la prospérité des établissements publics, soutenus par les communes, serait-elle assurée? Parce qu'ils pourraient, grâce à leurs ressources pécuniaires, attirer les baigneurs par la modicité des prix et le confort de leur organisation.

Les deux situations sont donc entièrement opposées. Il en résulte qu'établis dans des conditions différentes, ces bains auraient nécessairement des destinées différentes.

Non, nous ne devons craindre que ces établissements ne restent déserts. Ne faisons pas à des populations nombreuses l'injure d'estimer leurs habitudes malsaines si incurables, si invétérées, que ces habitudes ne puissent, par des moyens efficaces et de salutaires exemples, disparaître sensiblement. Quand ces populations auront chez elles la faculté de prendre, à loisir et sans frais, de grands bains, il ne sera plus permis à personne de s'en abstenir, sans s'exposer à être montré du doigt par ses concitoyens et taxé d'une flétrissante épithète.

Nous en donnons comme exemple certaines tentatives faites en quelques villes populeuses.

Des personnes, dans un but de lucre, ont entrepris la fondation de bains publics et d'écoles de natation. Ces bains publics, ouverts en été seulement, sont d'une extrême simplicité. Une large piscine d'eau froide, en plein air, et quelques cabines en composent toute l'organisation.

Or ces bains attirent, pendant la belle saison, une foule considérable. Bon nombre de gens, qui ne prennent jamais de bains *en baignoires,* s'empressent d'accourir à ces établissements.

Trois raisons expliquent ce fait :

1° Il est reconnu que certains amateurs, qui se rendent à ces bains publics pendant les chaleurs, sont attirés par l'engageante fraîcheur de l'eau autant que par le désir d'accomplir un soin de propreté.

2° La jeunesse préfère à la baignoire étroite de la salle de bains la plus élégante, un large réservoir d'eau, où elle peut s'ébattre, frétiller, nager à l'aise. Car la piscine procure l'important avantage d'apprendre sans aucun danger l'art si utile de la natation.

3° Le prix d'un bain y varie entre vingt et cinquante centimes. Ce qui n'empêche pas les propriétaires de ces établissements de réaliser des bénéfices certains, grâce à la quantité des baigneurs. Ce résultat prouve encore que la commune pourrait, sans compromettre ses finances, se substituer aux particuliers dans des conditions analogues.

Cela étant admis, que demandons-nous donc? Ce n'est ni l'adoption du système romain, ni la gratuité des bains.

Nous demandons purement et simplement que des établissements de bains publics se fondent dans presque toutes nos villes à l'instar de ceux que certains particuliers exploitent dans quelques grandes cités. Nous demandons que ceux qui existent actuellement s'agrandissent, se perfectionnent, qu'ils se divisent en deux sections, dont l'une serait spécialement réservée aux femmes. Et pour ces innovations il nous semble que l'intervention administrative devient nécessaire en cas où les particuliers n'entreprennent rien. Mais il faut que la commune agisse raisonnablement selon ses ressources. C'est de son initiative que dépend la réalisation de cette réforme.

Un intérêt de haute importance sollicite la commune à accepter un rôle qui n'est, nous l'avons vu, ni très-dispendieux ni très-embarrassant. Il s'agit du bien-être public, de la santé publique, la commune ne saurait hésiter !

Nous supplions les magistrats municipaux de diriger un instant leurs regards prévoyants vers cette grande question trop laissée dans l'ombre jusqu'ici. Nous les supplions de ne pas l'envisager comme une pure utopie.

De tout ce qui se propose dans un but humanitaire rien ne doit être *a priori* rejeté comme impraticable. Le génie novateur de l'homme élargit tous les jours les limites du possible. Tous les jours aussi le progrès découvre des horizons nouveaux vers lesquels il se précipite et nous entraîne. C'est ainsi que telles ou telles réformes dont la proposition soulevait à l'origine mille objections sans fondement et dont l'adoption rencontrait mille obstacles, ont été depuis acclamées par tous et reconnues indispensables.

Voilà le sort que l'avenir réserve peut-être aux idées que nous venons timidement d'émettre. Nous souhaitons qu'elles attirent sur elles quelque attention et qu'en souvenir de ces thermes romains où tout était ménagé pour les raffinements d'un faste opulent, notre âge construise à son tour, pour satisfaire les exigences du nécessaire et garantir la salubrité publique, des *thermes français* moins somptueux et plus utiles.

FIN

TABLE DES MATIÈRES

Introduction 5

Chapitre premier 7

Chapitre II 19

Chapitre III 35

www.ingramcontent.com/pod-product-compliance
Lightning Source LLC
LaVergne TN
LVHW010329030726
842520LV00004B/1351